진짜 뻔뻔한 과학책

뻔해서 다 안다고 착각할 뻔한 공학과 기술

이억주 글 | 뿜작가 그림
와이즈만 영재교육연구소 감수

와이즈만 BOOKs

작가의 말
바로잡을수록 더 재밌어지는 과학!

어릴 때부터 과학을 좋아해서 물리학을 전공했어요. 공부를 하던 중, 이론과 실험 중에서 하나를 선택해야 했어요. 기계 다루는 일보다는 생각하는 것을 좋아해서 이론을 택했어요.

공부를 마친 후에는 글 쓰는 일을 좋아해서 어린이 과학 잡지 기자가 되었어요. 기자가 되어 글을 쓰다가 공학과 기술에 대해 잘못 알고 있는 것이 많다는 걸 깨달았어요. 로켓이 우주선과 같은 것이고, UFO에는 외계인이 타고 있다고 생각했고, 비닐 랩이 정전기를 이용하는 줄 알았거든요.

어린이 과학 잡지 기자가 잘못 알고 기사를 쓰면 '어린이 독자가 잘못된 지식을 얻게 되겠구나'하는 생각이 들었어요. 그때부터 잘못 알고 있는 지식을 바로잡기 시작했어요. 함께 일하는 기자들이 잘못 알고 있는 지식까지도 조사했어요.

이렇게 해서 나온 책이『진짜 뻔뻔한 과학책』이에요.

 너무 뻔해서 다 알고 있다고 생각해도 알고 보면 모르는 것들이 많아요. 이런 생각은 나이가 들어서도 쉽게 바뀌지 않아서 평생 잘못 알고 살아갈 수도 있어요. 잘못 아는 건 결코 창피한 게 아니에요. 이 책을 통해 바로잡으면 되니까요. 그 과정에서 재미도 느낄 수 있어요.
 이 책을 읽다 보면 여러분도 '나도 잘못 알고 있었네! 시험에 나왔다면 틀릴 뻔했어.'라고 생각하는 이야기가 있을 거예요. 이 책을 읽고 나서는 '앞으로는 틀리지 않겠네!'라는 생각이 들면 좋겠어요.
 새로운 지식을 쌓아 가는 것도 즐거운 일이지만, 오랫동안 잘못 알고 있었던 지식을 바로잡는 것은 더 큰 즐거움이거든요. 잘못 알고 있는 지식이 있다면 이 책을 통해 바로잡아 보세요. 친구들, 가족들과 함께 각자 의견을 내면서 보는 것도 재미있을 거예요.

이억주

주인공을 소개할게

정리해

안녕! 난 리해야, 정리해! 주변에서 똑똑하고 진지하다는 소리를 많이 듣고 있어. 특히 친구나 가족들이 잘못 알고 있는 것을 바로잡아 줄 때 즐거움을 느껴. 그런데 내 형인 리완이 형을 뛰어넘지는 못해. 나도 아주 가끔 잘못 알고 있는 것을 형에게 말했다가 창피당한 적이 있거든.

정리완

리해가 말한 형이 바로 나야! 처음부터 제대로 공부하면 잘못 알고 있을 리가 없잖아. 그래도 잘못 알고 있는 것이 있다면 내가 제대로 알려 줄게.

리해 엄마, 아빠

남들은 아들 둘 키우기 어렵다고 하지만, 우리 애들은 공부도 잘하고 친구도 많아서 신경 쓸 일이 없어. 오히려 우리가 몰랐던 걸 아이들에게 배울 정도야. 그래도 리완이와 리해가 지식 앞에서는 조금 겸손할 줄 아는 사람이 되었으면 해.

과학쌤

아이들의 과학 지식과 과학 실험을 책임지고 있는 과학쌤이야. 나도 한때 과학에 대해 모르는 게 없었는데……. 리해와 무지가 이상한 걸 물어보면 공부를 다시 해야 하나 하는 생각이 들 정도야.

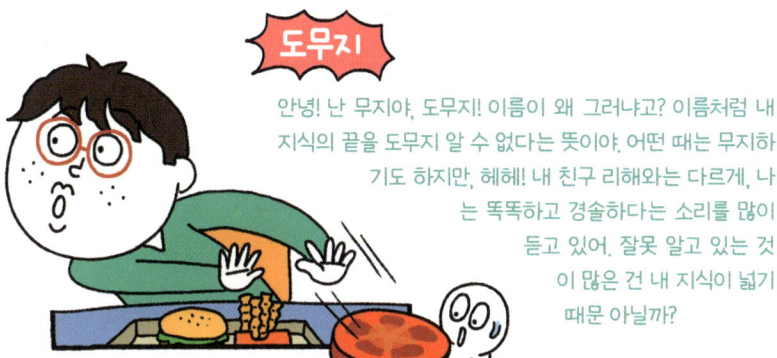

도무지

안녕! 난 무지야, 도무지! 이름이 왜 그러냐고? 이름처럼 내 지식의 끝을 도무지 알 수 없다는 뜻이야. 어떤 때는 무지하기도 하지만, 헤헤! 내 친구 리해와는 다르게, 나는 똑똑하고 경솔하다는 소리를 많이 듣고 있어. 잘못 알고 있는 것이 많은 건 내 지식이 넓기 때문 아닐까?

도도희

무지 누나 도희야! 나도 똑똑한 거로는 지고 싶지 않아! 하지만 세상은 지식만으로는 살 수 없지. 사람들과의 관계도 중요해. 그런 면에서 리해 형인 리완 오빠를 좋아하는 거야. 뭐, 다른 뜻은 없어!

무지 엄마, 아빠

공부도 중요하지만 건강도 중요해. 우리 애들이 욕심내지 말고 과학 지식을 정확하게 아는 데 신경 썼으면 좋겠어. 사실 엄마 아빠는 친구들끼리 사이좋게 지내는 게 더 좋아. 특히 리해, 리완이와!

차례

작가의 말　　　　　　　　　　　　　4
주인공을 소개할게　　　　　　　　 6

UFO 안에 외계인 있다!　　　　　　10

유전자 변형 식품, 먹으면 안 돼!　　16

로켓과 **우주선**은 같은 거야!　　　　22

굴뚝은 우뚝 솟아야지!　　　　　　28

반도체는 전류가 반만 흐르는 거야!　34

전구는 다 둥글지!　　　　　　　　42

비닐 랩은 **정전기**를 이용해!　　　　50

우주에서는 볼펜을 쓸 수 없어!　　 58

인공지능은 똑똑한 로봇이야!　　　64

휴머노이드, 사이보그 둘 다 **로봇**이야!　70

물은 높은 데로는 절대 못 흘러!   76

수력 발전은 **청정에너지**야!   82

나사는 다 오른나사야!   88

건전지는 충전할 수 없어!   94

하이브리드는 자동차냐 자전거냐!   100

인공 강설과 **제설기**, 그게 그거야!   106

원자 폭탄과 **수소 폭탄**, 원리는 같아!   112

코딩이나 **프로그래밍**이나!   118

컴퓨터는 **0**과 **1**만 있으면 돼!   124

공학이나 **기술**이나 뭐가 달라?   130

UFO 안에 외계인 있을까?

우주를 다룬 애니메이션이나 영화 또는 SF소설에는 외계인이 비행접시 같은 우주선을 타고 지구에 오는 장면이 나와요. 아주 먼 우주에서 지구까지 올 수 있다면 과학 기술의 수준이 지구인보다 훨씬 발달했을 거예요. 이때 외계인이 타고 온 우주선은 지구에서는 확인 불가능한 비행체일 거고요. 미확인 비행 물체를 UFO(Unidentified Flying Object)라고 불러요.

대부분 UFO에는 외계인이 타고 있을 것으로 생각하지만 UFO는 확인이 되지 않은 비행 물체예요. 외계인과 관계없는 UFO도 있다는 말이지요.

지구가 탄생한 지 46억 년이 지났고, 인류의 먼 조상이라고 하는 오스트랄로피테쿠스가 지구상에 출현한 지도 400만 년이 지났어요. 지금까지 천체에서 지구로 온 외계인은 없었어요.

하지만 우주는 크기가 130억 광년이나 될 정도로 엄청나게 넓어요. 130억 광년은 빛의 속도로 가도 130억 년이나 걸리는 거리예요. 그 넓은 우주 가운데 지구에만 생명체가 존재한다는 것도 믿기 어렵지요.

외계인 존재를 믿는 이유

이탈리아의 천문학자 조반니 스키아파렐리는 화성 표면에서 어두운 부분을 발견하고 운하라고 생각했어요. 운하는 생명체가 만들었고, 그것이 화성인이라는 거예요. 이런 생각은 외계에 생명체가 산다는 생각으로 발전했어요.

이런 외계인들이 UFO를 타고 와서 이집트의 피라미드, 영국의 미스터리 서클, 모아이의 석상, 나스카의 지상 그림 등을 만들었다고 믿는 사람들이 생긴 거예요. 사람이 만들었다고 보기 어려운 구조물이나 과학적으로 설명하기 어려운 현상을 외계인이 한 것으로 믿는 거지요.

충격, 로즈웰 외계인 사건!

   1947년, 미국 뉴멕시코주 로즈웰에서 한 농부가 비행체의 잔해를 발견했어요. 미군은 이를 보고 처음에는 UFO라고 발표했다가, 나중에는 실험용 기구라고 말을 바꿨어요.

   하지만 UFO와 외계인의 존재를 굳게 믿는 사람들은 외계인이 타고 온 우주선을 미국이 숨기고 있다고 주장했지요. 추락사한 외계인을 대상으로 생체 실험도 했다고 생각했어요. 외계인이 존재한다는 믿음에서 비롯된 일이었어요. 이 일은 <u>외계인과 UFO에 관련된 가장 유명하면서도 충격적인 사건</u>이 되었어요.

유전자 변형 식품, 먹으면 안 돼!

GMO와 LMO, 들어는 봤니?

　땅속에 감자가 달리고, 땅 위에 토마토가 열리는 식물을 '포마토'라고 해요. 포테이토와 토마토를 합친 말이에요. 토마토와 감자는 같은 가짓과여서 생물학적으로 관계가 깊어요. 그래서 토마토와 감자를 '접붙이기'하여 포마토를 얻을 수 있어요. 접붙이기는 서로 다른 식물의 조직을 연결하여 원하는 식물을 만드는 거예요. 그런데 생물의 유전자 자체를 변형하거나 성질이 다른 생물을 만드는 방법도 있어요. 이렇게 유전자를 변형하여 만들어지는 생물을 LMO(엘엠오, Living Modified Organism)라고 해요. '유전자 변형 생물체'라는 뜻이에요.

　LMO는 말 그대로 생물체예요. 자라서 번식이 가능한 생물의 경우를 LMO라고 해요. 그런데 우리는 LMO보다는 그와 비슷한 말로 GMO(지엠오, Genetically Modified Organism)라는 말을 많이 써요. 그래서 GMO와 LMO를 같은 것이라고 착각하기 쉬워요.

　GMO는 '유전자 변형 생물체' 또는 '유전자 변형 식품'으로 살아 있지 않은 것도 포함해요. 식물로서 포마토는 GMO이면서 LMO지만, 이 식물에서 얻는 재료로 식품을 만들면 LMO가 아닌 GMO가 되는 거예요.

유전자 변형 식품, 먹어도 돼?

전 세계 사람들의 주 식재료인 밀, 콩, 옥수수 등은 기후와 병충해에 민감하다는 단점이 있어요. 그런데 유전자 변형 기술을 이용하면 두 종이 가지고 있는 특정 유전자를 취해서 생산성을 올리면서도 병충해에 강하고 가뭄과 같은 기후에도 강한 생물체를 만들 수 있어요. 그래서 유전자 변형 생물체로 안정적으로 식량을 생산하려는 거예요.

유전자 변형 생물체가 정말 안전한지는 여러 논란이 있어요. GMO 식품을 먹었을 때 알레르기를 일으키거나 질병에 걸리지 않을까 걱정하는 거예요. 하지만 지금까지 GMO 식품이 인체에 해가 된다는 보고는 없어요.

또 다른 걱정은 LMO가 야생에 퍼졌을 때 생태계에 어떤 영향을 줄지 모른다는 거예요. 다른 생물체와 결합하여 새로운 생물체가 만들어질 수 있거든요. 그래서 이런 걱정들을 최소화하는 방법을 연구하고 있어요. 그중 하나가 GEO(지이오, Genome Edited Organism)로 '유전자 편집 생물체'를 뜻해요. 이것은 자기의 유전자를 변형시키는 것이어서 GMO와는 개념이 달라요.

로켓과 우주선은 같은 거야!

우주선을 달에 보내려면?

1969년 7월 16일, 전 세계에서 지켜보는 가운데 미국 케네디 우주 센터에서 아폴로 11호가 하얀 연기를 내뿜으며 지구를 떠났어요. 4일을 날아 인류 최초로 달에 착륙했고, 닐 암스트롱과 버즈 올드린은 달 표면을 걸어 다녔어요.

발사체
나는 발사체인 로켓 새턴 5호야.

달 사령선
착륙선이 달 표면에 착륙해 있는 동안 달 궤도를 돌아.

아폴로 11호 깃발
아폴로 호라는 이름은 이 계획을 수행하는 우주선 전체를 말해.

아폴로 11호는 미국이 우주인을 달에 착륙시키기 위해 개발한 우주선이에요. 우주선을 달에 보내려면 지구의 대기권을 벗어나게 해 줄 **발사체**가 필요한데요. 이 발사체가 바로 **로켓**이에요. 로켓은 연료를 태워 추진할 수 있는 비행체로 공기가 없는 우주 공간에서도 비행할 수 있어요. 우주 발사체라고도 하는데 인공위성, 우주 탐사선 등 우주 비행체를 쏘아 올리는 데 써요. 아폴로 11호는 로켓 '새턴 5호'에 실려 달로 발사되었지요.

달 착륙선

나는 착륙선인 이글 호야. 달에 착륙해서 우주인이 달을 탐사하도록 돕지.

로켓과 풍선, 원리가 같아?

로켓은 배출 가스를 분사시키는 **작용과 그 반작용**으로 날아오르는 **추진력**을 얻어요. 부푼 풍선을 놓으면 풍선에서 공기가 빠져나오면서 풍선이 날아다니는 것과 같은 원리지요.

서기 800년대 화약을 처음으로 발명한 중국이 전쟁용으로 포와 폭탄을 만든 것이 로켓의 시초예요. 우리나라에서도 화약이 개발되면서 '신기전'과 같은 소형 로켓 화살이 만들어지기도 했어요.

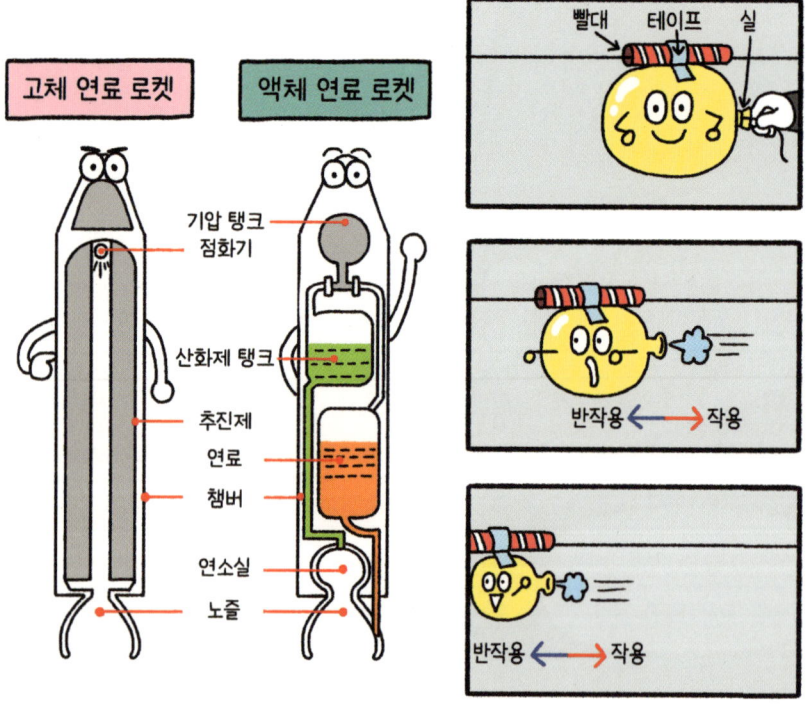

로켓을 우주 탐사에 이용하기 시작한 것은 러시아의 로켓 과학자인 콘스탄틴 치올콥스키의 생각이었어요. 이후 미국의 과학자 로버트 고더드가 현대적인 개념의 로켓을 만들었고요. 로켓은 추진제의 종류에 따라 고체 로켓과 액체 로켓으로 구분해요.

제2차 세계 대전을 겪으면서 로켓은 전쟁용 미사일로 개발되기 시작했어요. 전쟁에서 미국을 포함한 연합군이 승리하면서 미국은 독일에서 개발한 V2 로켓을 우주 탐사용으로 개발했어요. 아폴로 계획을 성공시킨 새턴 5호 로켓도 이런 과정에서 개발됐어요. 우리나라도 나로호 (한국형 발사체 1호), 누리호 (한국형 발사체 2호)를 개발해 인공위성을 쏘아 올릴 수 있는 나라가 되었답니다.

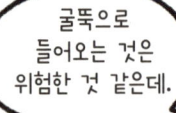

폐기물도 자원이다

저 집엔 누가 살길래 굴뚝이 저렇게 커?

사람 사는 집에 저렇게 높은 굴뚝이 있겠냐?

굴뚝은 다 서 있잖아. 그러니까 산타 할아버지가 내려오기 힘들겠다는 거지.

쩝.

그럼, 굴뚝을 눕히면 되겠네!

그러면 산타 할아버지가 편히 오시겠다!

엉금~ 엉금~

누워 있는 굴뚝도 있다!

아궁이에 나무를 때 온돌로 집을 따뜻하게 하려면 굴뚝이 있어야 해요. 온돌은 그대로 있지만, 이제는 나무를 때는 아궁이 대신 보일러가 있어요. 굴뚝은 사라지고 작은 환기구만 남았지요. 굴뚝이 필요한 공장도 공업 단지로 옮겨 갔지요.

화력 발전소나 자원 회수 시설의 굴뚝은 다양한 종류의 유해 가스를 좀 더 높은 곳까지 내보내기 위해 높고 길게 만들어요. 그런데 우리나라의 삼척그린파워발전소에는 굴뚝이 보이지 않아요. 대신 발전소에서 좀 떨어진 곳에 제어실, 사무실 등이 있는데 그 안에 굴뚝이 있어요.

또 굴뚝이라고 해서 모두 지면에 수직으로 서 있는 것은 아니에요. 우리나라는 북쪽 지방일수록 굴뚝을 높게 만들어 아궁이의 열을 더 오랫동안 잡아 두었어요. 따뜻한 남쪽 지방의 굴뚝은 아궁이의 연기를 빨리 배출하는 것이 중요해서 굴뚝도 낮게 만들었어요. 제주도에서는 아궁이와 평평하게 연도를 만들어 연기를 배출했어요. 연도는 연기가 지나는 길이에요. 굴뚝이 누워 있는 형태인 거예요.

경복궁 같은 궁궐에는 외관상 서 있는 굴뚝은 멀리 떨어뜨려 만들었어요. 그만큼 연도를 길게 만들고 그 끝에 굴뚝이 있어요.

나는 연도도 길고 땅속에 설치해서 굴뚝이 있는지 모르는 사람이 더 많아.

연기 없는 굴뚝도 있다!

굴뚝이라고 해서 모두 연기가 나지 않아요. 중동 지역은 독특한 굴뚝으로 유명한데요. 굴뚝에서 연기가 나지 않기 때문이에요.

일교차가 큰 중동 지역의 굴뚝은 바람탑이라고 해요. 바람탑이 있어 건물 안의 더운 공기를 위로 밀어내고 대기의 맑고 시원한 바람을 받아들여요.

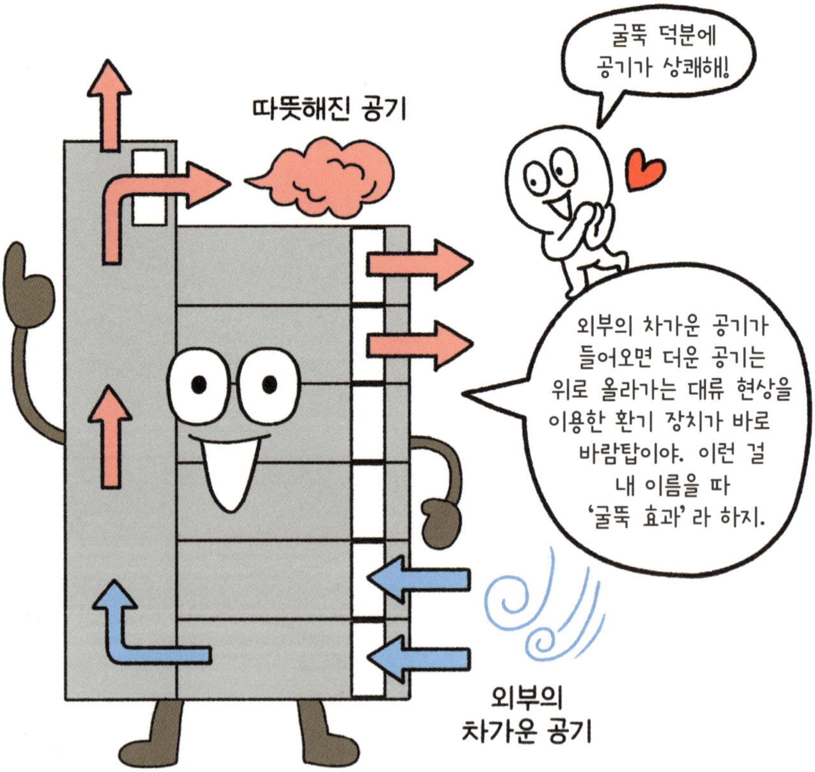

따뜻해진 공기

굴뚝 덕분에 공기가 상쾌해!

외부의 차가운 공기가 들어오면 더운 공기는 위로 올라가는 대류 현상을 이용한 환기 장치가 바로 바람탑이야. 이런 걸 내 이름을 따 '굴뚝 효과'라 하지.

외부의 차가운 공기

세금 내는 굴뚝도 있다?

1600년대, 영국에서는 굴뚝과 난로에도 세금을 매겼어요. 나라에 필요한 돈을 더 많이 거두기 위해서였지요. 난방을 위해 벽난로와 굴뚝이 있어야 하는데 이런 집에 별도의 세금을 매긴 거예요. 그래서 세금을 낼 수 없는 사람들은 굴뚝을 막아 버리기도 했어요.

새로 바뀐 왕은 민심을 위해 굴뚝세를 폐지했어요. 시민들은 좋아했어요. 그런데 새로운 세금이 생겼어요. 이번에는 유리창의 개수에 따라 세금을 매긴 거예요. 그러자 화가 난 시민들은 유리창까지 막아 버리기도 했답니다.

반도체는 전류가 반만 흐르는 거야!

중간이 반도체?

세상에 존재하는 물질은 성질에 따라 여러 가지로 분류할 수 있어요. 그중 하나는 도체와 부도체예요. 도체는 전기나 열이 통하는 물질이고, 부도체는 전기나 열이 잘 통하지 않는 물질이에요. 금, 은, 구리, 알루미늄, 철 같은 금속 물질은 전기와 열이 잘 통하는 대표적인 도체예요.

한편 세상에 전기나 열이 전혀 통하지 않는 물질은 없어요. 나무, 플라스틱, 고무 같은 물질은 전기나 열을 전달하지만, 그 정도가 아주 작아 부도체에 속하는 거예요. 도체와 부도체는 전기나 열을 전달하는 정도로 구분해요.

물질은 원자로 이루어져 있고 원자는 원자핵과 전자로 되어 있어요. 물질이 전기가 잘 통한다는 것은 원자 속에 있는 전자가 자유롭게 움직일 수 있다는 거예요. 움직일 수 있는 정도가 크면 도체이고, 그렇지 않으면 부도체예요. **반도체**는 도체와 부도체의 중간 정도에 있는 물질이고요.

반도체를 전기를 반만 통하는 물체라고 착각하기 쉬워요. 그렇지만 반도체는 조건에 따라서 전기가 통하는 물질을 말해요. 도체와 부도체의 중간 성질을 가져 필요할 때 전기를 통하게 할 수 있는 물체로 컴퓨터와 전자 기기에 유용하게 쓰고 있어요.

새 반도체, 규소가 온다!

원소의 주기율표에서 열네 번째에 속하는 원소를 '탄소족 원소'라고 해요. 탄소(C), 규소(Si), 저마늄(Ge), 주석(Sn) 등이 속해 있어요. 예전에 게르마늄으로 불렸던 저마늄은 최초로 반도체의 특성을 가진 원소로 알려졌어요.

독일의 화학자 클레멘스 빙클러가 1885년 발견해서 자신의 조국 독일의 라틴어 이름인 게르마니아를 따서 '게르마늄'이라고 붙인 거예요. 영어식 표현으로 '저마늄'이라고 하고요.

처음에는 저마늄 반도체가 쓰이다가 더 싸고 양이 풍부한 규소에도 반도체 성질이 있다는 것이 알려졌어요. 저마늄 시대는 가고 규소 시대가 온 것이에요. 그래서 반도체는 저마늄보다는 규소를 이용하고 있고, 규소에 넣는 불순물의 양을 조절하면서 전기 전도의 정도를 바꾸면서 사용하고 있어요.

저항이 갑자기 사라진다?

물체에는 전기가 잘 흐르지 않도록 방해하는 현상이 있어요. 이것을 '저항'이라고 해요. 전기가 잘 통하는 구리는 전기 저항이 아주 작아 도체가 되고, 나무는 저항이 아주 커서 부도체가 되지요.

전도체의 전기 저항은 온도에 따라서도 달라져요. 온도가 낮아지면 저항이 작아져요. 그런데 어떤 온도보다 더 낮아지면 저항이 갑자기 사라지는 현상이 일어나요. 이 현상을 **초전도 현상**이라고 하고, 이런 물질을 초전도체라고 해요.

1911년, 네덜란드의 물리학자 헤이커 카메를링 오너스가 이 현상을 최초로 발견했어요. 오너스는 고체 수은의 저항을 조사하던 중 액체 헬륨을 이용해 온도를 약 영하 269도로 내리자, 저항이 갑자기 사라지는 현상을 발견했어요. 우리가 상상할 수도 없이 낮은 온도지요.

그런데 과학자들은 조금이라도 더 높은 온도에서 초전도 현상을 일으키는 물질을 발견하려고 노력하고 있어요. 초전도 현상을 이용하면 전기를 잃어버리지 않고 멀리까지 보낼 수 있어요. 또 전기 기기는 모두 전기 저항을 어떻게 조절하느냐에 따라 더 효율적으로 사용할 수 있기 때문이에요.

둥근 전구만 있을까?

전구는 전기로 빛을 내는 동그란 공이라는 뜻이에요. 유리를 녹여 입김으로 불어 만들기 때문에 둥근 모양이 될 수밖에 없어요. 유리 구 안이 진공이거나 기체가 있을 때, 내부와 외부의 압력이 균형을 이루는 데도 둥근 모양이 가장 적합하지요. 빛이 사방으로 퍼지는 것도 둥근 모양이 더 적합하고요.

백열전구는 동그란 공 모양만 있는 것은 아니에요. 타원 모양, 원기둥 모양으로도 만들었어요. 디자인적으로 창의성을 강조한 조명 기구가 등장하면서 모양도 다양해졌어요. 백열전구는 석유 등이나 촛불을 대신해 조명 기구의 대표가 되었어요.

최근에는 백열전구보다 형광등이나 엘이디(LED) 전구를 더 많이 사용하고 있어요. 형광등은 1938년 미국에서 발명되었어요. 막대 모양의 유리관 양쪽 끝에 전극이 있고, 유리관 속의 공기를 빼낸 다음 아르곤과 수은 기체를 넣었어요. 유리관 안쪽 면에는 형광 물질을 발랐어요. 백열전구는 필라멘트에서 나온 빛이 바로 우리 눈에 들어오지만, 형광등은 형광 물질을 거쳐 들어온다는 차이가 있어요.

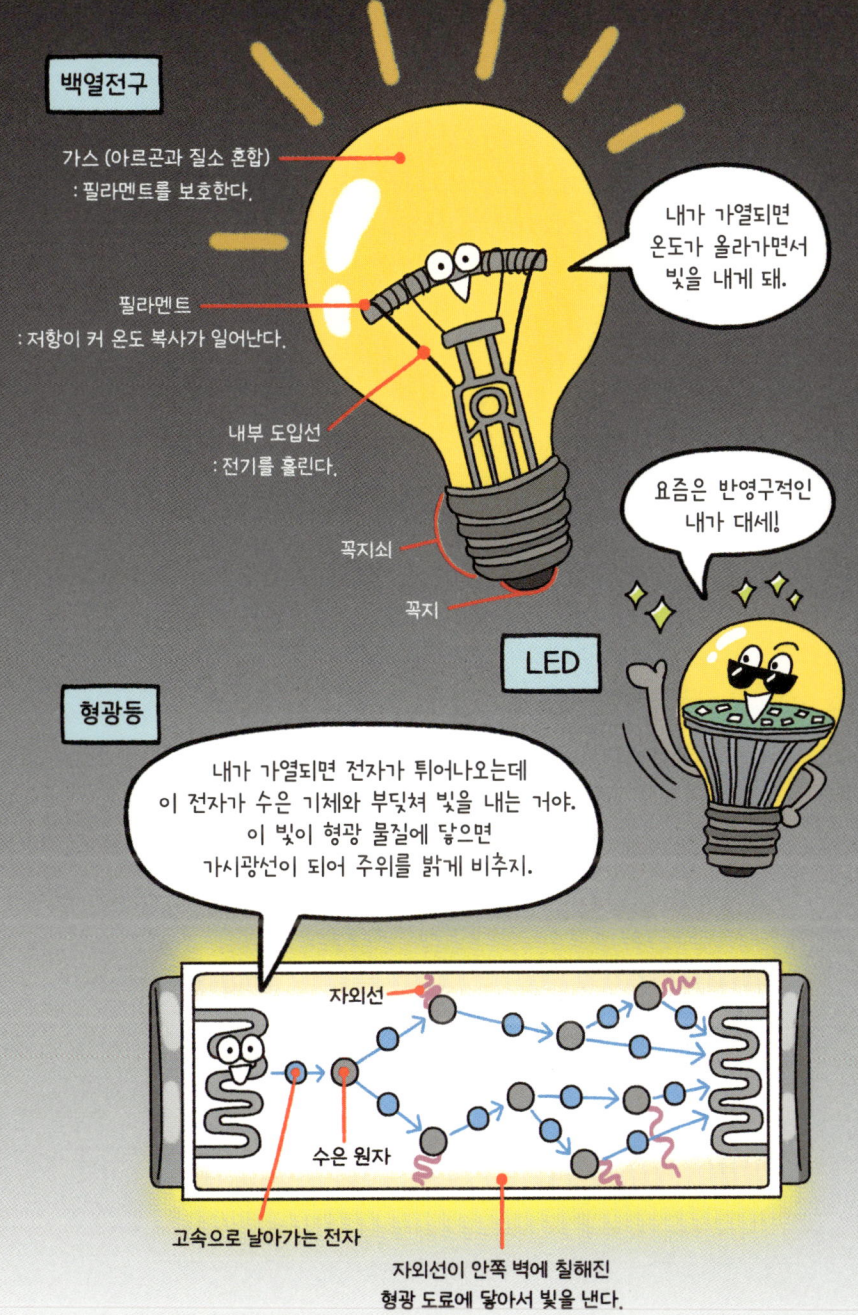

전구 발명, 에디슨이 아냐!

흔히 전구는 미국의 발명가 토머스 에디슨이 발명했다고 알고 있어요. 하지만 영국의 화학자 험프리 데이비가 2개의 탄소 전극 사이에 방전이 일어나게 하면 빛이 생기는 현상을 발견하고, 아크 방전을 이용해 아크등을 발명했어요. 이것이 전구의 시초예요.

이 아크등은 프랑스 파리의 콩코르드 광장에 가로등으로 설치될 정도였지만, 빛이 너무 강하고 수명이 짧다는 단점이 있었어요. 이후 수많은 과학자와 기술자가 전구를 개발하기 시작했어요. 1879년, 에디슨과 영국의 화학자 조셉 스완이 단점을 개선해 탄소 필라멘트 전구를 발명한 거예요. 현재는 수명이 더 긴 텅스텐 필라멘트를 쓰고 있어요.

필라멘트에 전류가 흐르면 열이 나면서 빛이 나오는데 이 빛은 우리가 보는 가시광선이에요. 가시광선은 여러 가지 색깔의 빛이 섞여 백색이 되는 빛이어서 이런 전구를 '**백열전구**'라고 해요. 필라멘트는 유리로 만든 둥근 구 안에 있는데 유리 안은 공기를 빼 진공으로 만들거나 질소나 아르곤 같은 기체를 넣어요.

백열전구나 형광등과 다른 원리로 빛을 내는 전구가 바로 '**LED 전구**'예요. LED는 Light Emitting Diode(라이트 에미팅

다이오드)의 첫 글자인데 '발광 다이오드'라는 뜻이에요. 전기 에너지를 바로 빛에너지로 바꿔 주는 것인데, 전기를 통하게 하면 빛을 내는 반도체의 성질을 이용한 거예요. LED 전구는 수명이 길고 전기 소모도 아낄 수 있어 백열전구와 형광등을 대체할 전구로 널리 쓰이고 있어요.

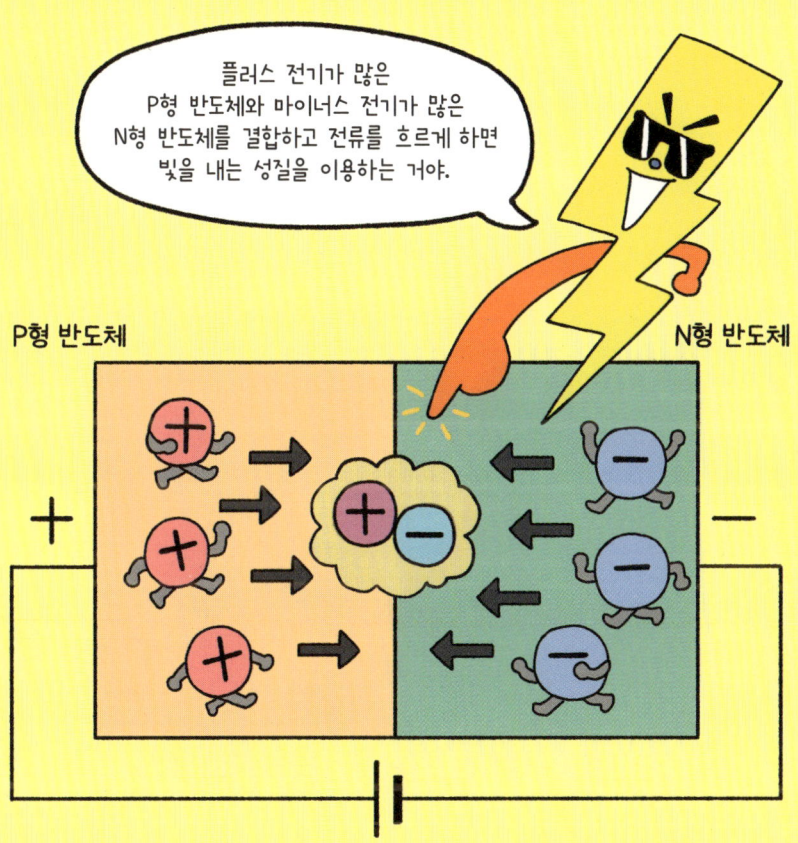

범인은 바로 전기!

　미국에서 백열전구가 널리 쓰이기 시작한 지 약 8년이 지난 1887년 3월 6일, 경복궁 내 건청궁에 전구 4개가 설치되었어요. 전등이 켜지는 순간, 사람들은 밤인데도 낮처럼 밝아 깜짝 놀랐어요. 이 일은 동아시아를 통틀어 처음 있는 역사적인 사건이었지요.

　전구를 켜는 데 필요한 전기도 건청궁의 향원정이라는 연못 근처에 만들었어요. 기술자들이 전기를 만드는 과정에서 연못에 전기가 흘러 물고기가 감전되어 죽고 말았어요. 이것을 보고 사람들은 전구가 위험하다는 것도 알게 되었대요.

정전이 선물한 은하수!

전구는 밤을 낮처럼 밝게 비추어 생활에 많은 변화를 불러왔어요. 하지만 낮과 밤의 경계가 사라지자, 많은 사람이 수면 부족과 과도한 노동으로 질병에 걸리는 부작용도 일어났어요.

1994년 로스앤젤레스에 대지진으로 대규모 정전 사태가 벌어졌어요. 그런데 정전으로 어두운 밤하늘에 은색으로 빛나는 거대한 구름이 나타났어요. 깜짝 놀란 사람들이 경찰에 신고했대요. 거대한 은빛 구름은 알고 보니 은하수였어요. 화려한 도시의 전등 빛으로 보이지 않았던 은하수가 정전으로 보였던 거예요.

비닐 랩은 정전기를 이용해!

비닐 랩이 잘 달라붙는 이유

    음식이나 식재료를 포장해서 신선함을 유지하거나, 전자레인지에 데울 때 비닐 랩을 써요. 얇고 잘 늘어나 음식을 밀봉할 수 있지요. 랩은 흔히 원기둥 모양 막대에 감겨 있어 필요한 만큼 풀어서 써요.

    랩을 풀 때 정전기가 생겨 비닐이 달라붙어 불편하기도 해요. 하지만 랩은 이런 정전기를 이용해요. 정전기가 일어나면 용기에도 잘 붙고 비닐 랩끼리도 잘 붙어요. 또 랩을 당기면 늘어났다가 오므라드는 성질인 신축성이 있어서 용기에 잘 붙어요. 그런데 비닐 랩에 왜 정전기가 일어나는 걸까요?

    정전기는 보통 두 가지 경우에 잘 일어나요. 하나는 마찰이고 다른 하나는 박리예요. 마찰은 말 그대로 물체끼리 문지르는 거예요. 물질을 이루고 있는 원자는 (+)전하를 가진 원자핵과 (−)전하를 가진 전자로 이루어져 있어요. 평소에는 (+)전하와 (−)전하가 안정된 상태로 있지만, 물체끼리 문지르면 (−)전하를 잃기도 하고 얻기도 해요. 그러면 어떤 물체는 (+)전하가 많아지기도 하고 어떤 물체는 (−)전하가 많아져요. 이것을 '마찰 대전'이라고 해요.

또 정전기는 얇은 물질이 붙어 있다가 그것을 벗겨 낼 때도 일어나요. 물체가 떨어지면서 (+)전하와 (-)전하가 분리되어 정전기가 생기는 거예요. 이것을 '박리 대전'이라고 해요.

하지만 모든 랩이 이런 정전기와 신축성을 이용하는 것은 아니에요. 어떤 랩은 한쪽에 끈적끈적한 물질이 발라져 있어 용기나 랩끼리 잘 붙게 되어 있어요. 이런 랩은 정전기나 신축성으로는 잘 붙지 않는 나무 용기나 표면이 거친 용기에도 잘 붙어 편리하게 이용할 수 있어요.

비닐은 플라스틱이야?

비닐 랩의 재질은 보통 PVC(피브이시, Polyvinil Chloride)인데 폴리염화바이닐이라고 해요. 우리는 편하게 '비닐'이라고 부르는데 플라스틱의 종류예요. 그래서 비닐 랩을 플라스틱 랩이라고도 하지요. 플라스틱과 비닐은 전혀 다른 물질인 것 같은데, 비닐이 플라스틱의 일종이라니 이상하지요?

전자레인지에 넣으면 안 돼?

　PVC 재질의 랩은 가정보다는 음식점이나 마트 등에 주로 쓰는데 더 잘 붙고 끈적이는 느낌이 있어요. 반면 가정에서 쓰는 랩은 PE(Polyethylene, 폴리에틸렌) 재질로 만드는데 이것 역시 플라스틱이에요.

　랩은 재질에 따라 전자레인지 사용 가능 여부도 다르고, 폐기나 재활용 방법도 달라요.

비닐 랩은 **전쟁**으로 **발명**됐다?

　주방이나 식당에서 중요하게 쓰이는 랩은 사실 전쟁터에서 쓰려고 개발된 거예요. 1933년 처음 만들어진 랩은 총알이나 화약을 감싸기 위한 것이었어요. 습기로부터 보호해야 했기 때문이에요.
　전쟁이 끝나고 제조업체 기술자의 아내가 이 랩으로 채소를 쌌는데, 신선도가 오래 유지되는 것을 알게 된 거예요. 이것이 랩을 지금처럼 사용하는 계기가 되었답니다.

랩은 음식에만 쓰는 게 아니구나!

원래는 이런 비닐 랩으로 총알, 다이너마이트, 화약을 싸서 보관했대.

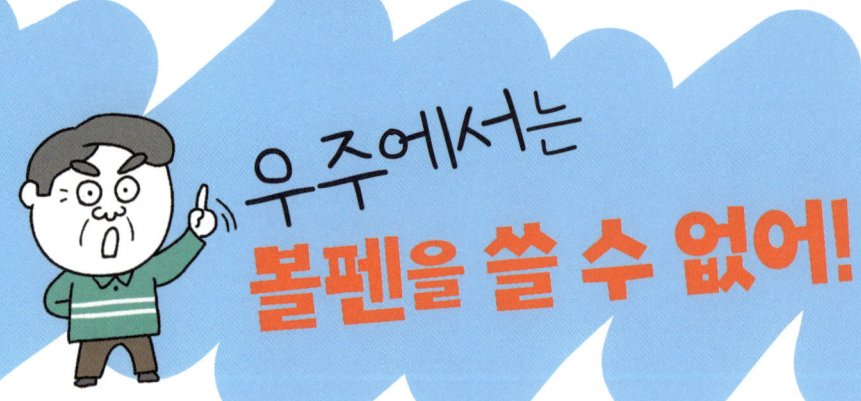

우주에서는 필기 못해?

1957년 10월, 인류는 처음으로 우주에 인공위성을 쏘아 올렸어요. 소련(현재는 러시아)의 스푸트니크 1호였지요. 이어서 1958년 1월, 미국이 익스플로러를 쏘아 올리면서 우주 개발 경쟁이 시작되었어요. 1960년대 두 나라는 유인 우주선 개발에 뛰어들었고 미국은 1969년 7월, 마침내 달 착륙에 성공했어요.

그런데 유인 우주 개발 계획이 한창일 때부터 두 나라는 우주선 안에서 우주인들이 기록하는 데 필요한 필기구로 골치를 앓았어요. 중력을 이용하는 볼펜은 무중력 상태인 우주선에서 쓸 수가 없었거든요. 그래서 중력과 관계없는 연필을 썼는데, 심각한 문제가 생겼어요.

우주 펜을 만들어라!

우주선 안에서도 써지는 우주 펜 개발이 시급했지요.

우주 펜과 관련된 재미있는 일화가 있어요. 미국의 볼펜 사업 선구자로 유명한 폴 피셔는 피셔펜이라는 필기구 회사의 설립자이며 우주 펜 개발자로도 알려져 있어요.

피셔는 미국 항공 우주국(NASA; 나사)의 관계자에게 우주선 안에서 연필 사용이 위험하다는 이야기를 듣고는 바로 우주 펜 개발에 뛰어들었지요. 하지만 쉽게 아이디어가 나오지 않았는데, 어느 날 꿈속에 돌아가신 아버지가 나타나 '잉크에 소나무의 수지(송진)를 섞으면 된다'라고 한 거예요.

피셔는 마침내 무중력에서도 써지는 **우주 펜** 개발에 성공했어요. 당시 돈으로 100만 달러가 들었지요. 우주 펜이 개발되자 NASA는 물론 러시아에서도 피셔의 우주 펜을 구입해서 썼어요.

그렇다면 지금도 우주인들이 우주 펜을 쓸까요? 지금은 우주 펜이 따로 필요 없어요. 1960년까지 쓰던 볼펜은 중력이 필요했지만, 현재 쓰고 있는 볼펜은 중력과 관계없거든요. 잉크의 점성을 더 크게 하고, 펜 끝의 볼에 홈이 파여 있어 끊어지지 않고 계속 쓸 수 있으니까요.

인공지능과 로봇은 달라!

공장에서 사람을 대신해서 부품을 조립하는 산업용 로봇은 1959년에 개발되어 지금까지 쓰고 있어요. 보통 산업용 로봇은 팔 모양이나 손 모양만 있어요. 그에 비해 가정용, 의료용, 농업용 등에 쓰이는 서비스 로봇은 하는 일에 따라 여러 가지 모습을 하고 있어요. 특히 의료용은 사람의 모습처럼 생긴 것도 있어요.

인간의 형태를 한 로봇은 **휴머노이드**라고 해요. 생긴 것뿐만 아니라 외부의 반응을 감지하거나 거기에 따라서 운동하는 것도 인간을 닮았어요.

대부분 사람은 로봇은 다 인공지능으로 작동된다고 생각해요. 또 인공지능 자체를 똑똑한 로봇이라고 생각해요. 하지만 인공지능과 로봇은 별개의 개념이에요.

지능이란 인간이나 동물이 어떤 대상이나 주어진 상황을 맞이했을 때 그것을 이해하고 올바른 방법으로 대응하거나 적응 방법을 찾아내는 능력이에요. 따라서 인공지능은 인간이나 동물이 가진 자연 지능과 다른 개념으로 인간 지능을 컴퓨터 프로그램 등으로 구현하는 거예요. 즉, '인공적인 장치가 가지는 지능'인 거예요.

인공지능, 인간을 넘어설까?

인공지능은 AI(에이아이; Artificial Intelligence)라고 하는데 이 용어는 1956년, 미국 다트머스대학교에서 열린 회의에서 컴퓨터과학자 존 매카시 등이 제안한 '인공지능' 연구가 정식으로 채택되면서 탄생했어요.

이후 비약적으로 발전하면서 1997년, IBM(아이비엠)의 인공지능 '딥 블루'가 세계 체스 챔피언 가리 카스파로프를 이기는 사건이 일어났어요. 1996년에 벌어진 첫 대결에서는 카스파로프가 이겼지만, 1년 뒤 재대결에서는 인공지능이 이긴 거예요. 세계 최초로 인공지능이 사람을 이겼어요.

바둑은 체스보다 인공지능이 사람을 이기기 어려운 것으로 알려져 있었어요. 두어야 할 곳도 훨씬 더 많고 학습하기도 어렵기 때문이에요. 그런데 2016년, 구글의 딥마인드가 개발한 인공지능 바둑 프로그램인 '알파고'가 우리나라의 이세돌 9단을 이기는 일이 일어났어요.

2017년에는 당시 바둑 세계 1위인 중국의 커제 9단마저 물리치면서 프로 명예 9단증까지 받게 되었어요. 이 사건은 기계가 더 복잡한 문제 해결을 위해 인간에게 어떤 도움을 줄 수 있을지 생각해 보는 계기가 되었어요.

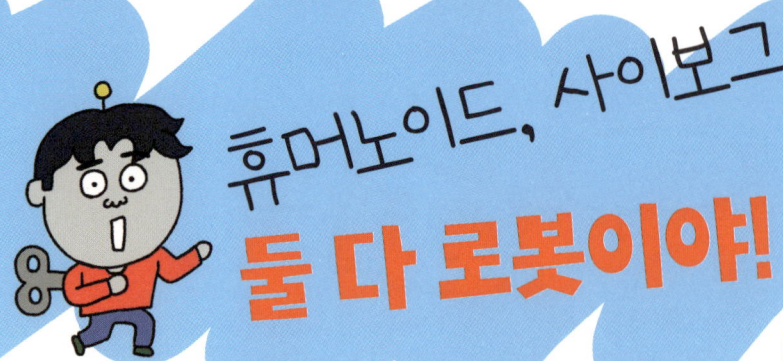

휴머노이드 vs 안드로이드

　로봇이라는 말은 체코의 극작가 카렐 차페크가 쓴 희곡 〈로섬의 만능 로봇〉에 처음 등장했어요. 이후 인간을 닮은 로봇이 만들어졌어요. 인간처럼 두 발로 걷는 것은 물론이고, 표정을 흉내 내는 정도까지 발전되었어요. 그래서 인간(human)을 닮은(-oid) 로봇을 휴머노이드(humanoid)라고 해요.
　사람(andro)을 닮은(-oid) 존재라 해서 안드로이드(android)도 있어요. 공통점은 둘 다 로봇이지만, 차이가 있어요. 휴머노

영화 〈아이, 로봇〉의 주인공 써니는 머리, 몸통, 팔다리가 있는 휴머노이드!

<u>이드</u>는 머리, 몸통, 두 팔과 두 다리가 인간처럼 생긴 로봇이에요. 인간과 유사한 인식 기능과 운동 기능도 가지고 있고요. <u>안드로이드</u>는 인간의 모습과 행동은 물론이고 피부, 눈, 머리카락, 지능 등 인간과 구별하기 어려울 정도로 닮은 로봇이에요. 안드로이드는 언어, 표정, 목소리 등도 인간을 모방한 로봇이에요.

우리나라의 휴머노이드와 안드로이드 연구는 세계적이에요. 축구 월드컵 대회의 브라질 팀처럼 휴머노이드 로봇 축구 대회에서는 항상 우리나라 팀이 우승권에 있답니다.

안드로이드로는 한국생산기술연구원에서 만든 '에버'가 유명해요. 에버는 2003년, 세계 최초로 만들어진 여성 안드로이드 로봇이에요. 다양한 표정을 지을 수 있으며 한국어와 영어로 대화를 할 수 있고 연극, 판소리 등 공연도 할 수 있어 로봇 배우로 활약하기도 했어요.

영화 〈터미네이터〉의 주인공 터미네이터는 사람과 똑같이 생긴 **안드로이드**!

사이보그도 있어!

로봇 하면 사이보그도 떠올라요. **사이보그**(cyborg)는 인공 두뇌학을 뜻하는 사이버네틱스(cybernetics)와 유기체를 뜻하는 오거니즘(organism)의 합성어예요. 이미 존재하는 생물체에 기계 장치를 결합한 존재를 뜻해요.

인체에 기계를 결합하여 인간의 능력을 보완하거나 새로운 능력을 만들어 주는 거예요. 기계적으로 작동하는 인공 신장을 이식하거나 군인들의 신체 능력을 강화하기 위한 외골격 슈트 등을 착용한다면 사이보그라고 할 수 있어요. 사고로 팔이나 다리를 잃거나 시각이나 청각 등의 감각을 잃었을 때 기계로 능력을 보완해 주는 것도 사이보그예요.

병이나 선천적 질환으로 사이보그가 된 사람들이 있어요. 천재 과학자 스티븐 호킹은 루게릭병으로 몸을 움직일 수도 없고 말도 할 수도 없었어요. 눈동자와 안면 근육의 움직임으로 작동하는 의사소통 장치를 장착한 사이보그가 되었지요. 또 예술가인 닐 하비슨은 선천적인 색맹인데 머릿속에 색깔을 감지하는 센서를 장착한 사이보그가 되었고요.

사이보그 연구를 위해 사이보그가 된 사람도 있어요. 영국의 케빈 워릭 교수는 1998년 자신의 왼쪽 팔에 실리콘 칩을 이

식하여 위치 정보를 컴퓨터로 전송할 수 있도록 했어요. 인간과 컴퓨터가 결합한 최초의 사이보그가 되었고, 2002년에는 아내에게도 칩을 이식해 생각만으로 의사소통할 수 있도록 만들었어요.

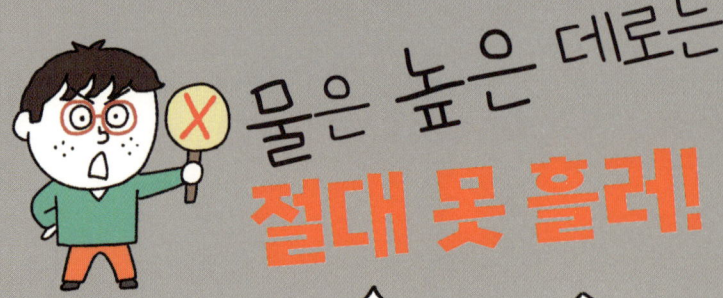

압력으로, 거꾸로 흐른다?

지구상에 있는 모든 물체는 지구의 중력에 영향을 받아요. 특히 물처럼 흐를 수 있는 물체는 중력으로 높은 데서 낮은 데로 흐르지요. 땅속에 있는 물이 키가 큰 나무의 꼭대기까지 이동하기도 하지만, 이것은 나뭇잎의 기공에서 물이 공기 중으로 증발하는 증산 작용과 물끼리 끌어당기는 응집력 때문이에요. 이런 특별한 경우 말고는 물이 낮은 데서 높은 데로 흐르는 경우는 없어요.

그런데 딱 하나 예외가 있어요. 공기의 압력으로 거꾸로 흐르는 일이 일어나기도 하거든요. 이것이 **'사이펀의 원리'**예요. 우리 눈으로 직접 확인하기는 어렵지만, 세탁기도 사이펀 원리를 이용하고 있어요. 사이펀(siphon)은 원래 높은 곳에 있는 액체를 기울이거나 붓지 않고, 위로 끌어올려 낮은 곳으로 이동시킬 수 있는 구부러진 관이에요.

사이펀의 원리는 중력이 아니라 대기의 압력 덕분이에요. 세탁기에는 액체 세제나 섬유 유연제를 투입하는 곳이 있어요. 이런 액체를 최대선(max라고 표시된 곳) 아래까지 넣으면 바로 세탁조로 흘러가지 않고 고여 있어요.

세탁이 진행되는 동안 물이 들어오면 세제나 유연제가 있는 곳까지 물이 들어와 최대선을 넘게 돼요. 그 순간 사이펀의 원리에 의해 세제나 유연제가 세탁조 안으로 투입되는 거예요. 세탁물에 세제나 유연제를 넣으면 잘 섞이지 않을 수가 있어 사이펀의 원리를 이용하여 세탁 도중에 투입하는 거예요.

화장실의 좌변기 속은 구부러진 관이 있어 변기 안에 물의 높이가 구부러진 관보다 높아지면 물이 한꺼번에 내려가지요.

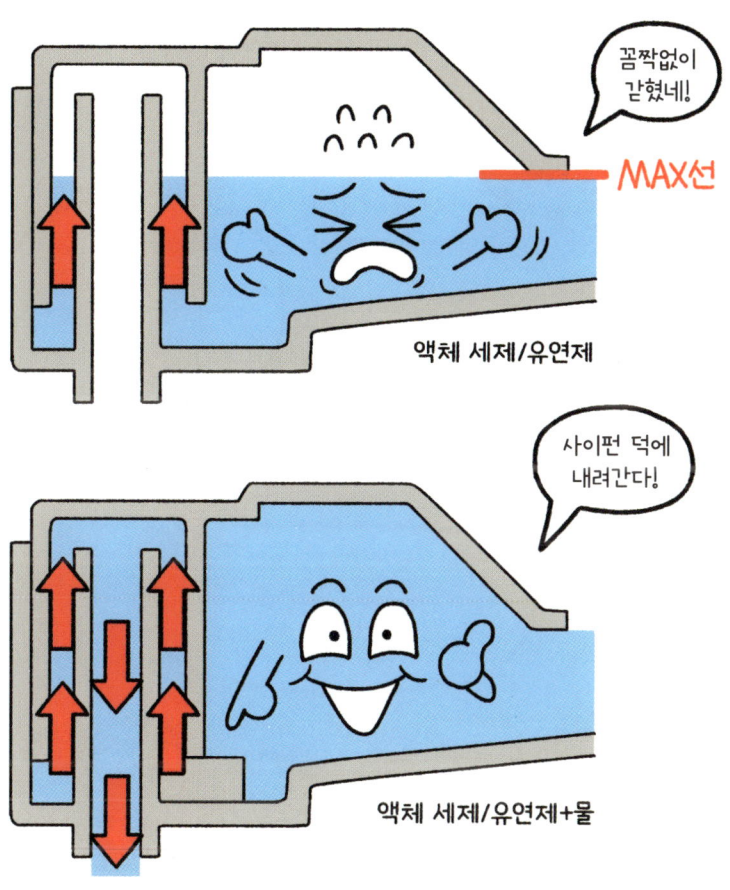

무거운 물을 옮기려면?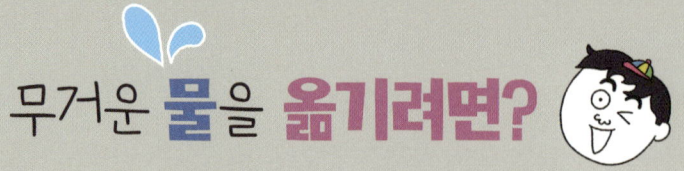

물통에 있는 물을 다른 통으로 옮길 때를 생각해 봐요. 물통의 주둥이가 작으면 쏟아붓기 어려워요. 깔때기 같은 도구가 있으면 좀 더 쉽겠지만, 무거운 물통은 들기에도 힘이 들어요.

이때 긴 관만 있으면 쉽게 옮길 수 있어요. 바로 사이펀의 원리를 이용하는 거예요. 그러면 관 안의 압력이 낮아져 물이 빨려 올라와요.

채우면 곧 사라지는 물!

겉보기에는 평범한 물잔인데, 물을 가득 채우면 채웠던 물이 갑자기 사라져요. 이 잔을 '피타고라스의 컵' 또는 '계영배'라고 해요.

고대 그리스의 수학자 피타고라스가 처음 만들어서 이런 이름이 붙여졌다는 이야기도 있어요. 계영배는 '가득 채우는 것을 경계하는 잔'이라는 뜻이에요. 욕심을 부려 가득 채우려 하지 말고 적당한 양을 마시라는 교훈을 주지요.

청정에너지의 정체

열이나 전기와 같이 어떤 일을 할 수 있는 힘을 '에너지'라고 해요. 에너지를 얻으려면 물질을 태우거나 태양의 빛이나 열을 받아야 해요.

그런데 물질을 태우면 인체와 환경에 해로운 이산화 탄소가 나와요. 에너지를 얻는 과정에서 해로운 물질이 나오지 않아야 **청정에너지**라고 할 수 있어요. 청정은 맑고 깨끗하다는 뜻이에요. 태양의 빛이나 열, 바람, 땅에서 나오는 열, 파도 등을 이용해서 전기를 만들 때 오염 물질이 생기지 않아요. 그래서 이런 에너지를 청정에너지라고 해요.

우리가 쓰고 있는 전기는 발전소에서 만들어요. 발전소 내부에 있는 발전기를 돌리면 전기가 만들어져요. 이 발전기를 어떤 힘으로 돌리느냐에 따라 발전소의 이름이 달라져요.

수력 발전 = 청정에너지?

수력 즉, 물의 힘은 인류가 아주 오래전부터 이용해 온 에너지원이에요. 물레방아를 이용하여 물길을 바꾸기도 하고 곡식을 찧기도 했어요. 높은 곳에 있는 물이 흐르면 중력에 의해 에너지를 갖게 돼요. 이 에너지를 이용하는 것이 수력 발전이에요.

수력 발전은 댐을 만들어 많은 양의 물을 가두었다가 한꺼번에 흘려보내고 그 흐르는 힘으로 발전기를 돌려요. 물의 힘을 이용하기 때문에 이산화 탄소와 같은 오염 물질을 배출하지 않아요. 그래서 수력 발전도 청정에너지라고 생각할 수 있어요.

하지만 댐을 건설하여 많은 양의 물을 가두어 두면 환경 문제가 생길 수 있어요. 즉, 수질 오염과 생태계의 질서가 깨지는데 이를 바로잡기 위해 또 다른 에너지가 필요해요. 또 넓은 지역이 물에 잠겨 사람과 동식물이 살 수 없게 되고, 심한 안개로 기후에도 영향을 미쳐요.

적은 비용으로 많은 전기를 얻으려면 규모가 큰 수력 발전소를 지어야 하는데 그러려면 짓는 데도 비용이 많이 들어요. 규모가 커지면 환경 문제도 커지고요. 그래서 환경에 영향이 미치

지 않을 정도의 규모로 수력 발전소를 짓기도 해요. 1만 킬로와트보다 작은 규모를 '소수력 발전소'라고 하는데, 수력 발전은 1만 킬로와트를 기준으로 청정에너지로 구분해요. 1만 킬로와트가 넘으면 청정에너지라고 하지 않아요.

나사는 다 오른나사야!

오른나사만 있는 건 아냐!

물건을 고정할 때 쓰는 것 중 하나가 나사예요. '나'는 한자어로 소라나 고둥을 뜻하고, '사'는 실 또는 가는 물건을 뜻해요. 그래서 나사는 소라 껍데기처럼 빙빙 돌아가며 홈이 있는 가느다란 물건을 말해요. 나사는 수나사와 암나사가 짝을 지어 물건을 고정하는 데 쓰여요. 암나사가 없으면 '나사못'이라고 해요.

나사나 나사못은 돌려서 고정할 수 있어 망치가 없어도 돼요. 비스듬한 홈을 따라 움직여 힘은 덜 들지만, 시간이 더 들어요. 이것은 '빗면의 원리'를 이용하기 때문이에요. 가파른 것은 거리가 짧은 대신 힘이 많이 들지만, 빗면은 거리가 긴 대신 힘이 덜 들어요.

우리가 흔히 쓰는 나사는 오른쪽 즉, 시계 방향으로 돌리면 앞으로 나아가요. 왼쪽 즉, 시계 반대 방향으로 돌리면 뒤로 물러나고요. 오른쪽으로 돌리면 조여지고 왼쪽으로 돌리면 풀리는 거예요. 이런 나사를 '오른나사'라고 해요. 하지만 오른나사만 있는 것은 아니에요. 왼나사가 필요한 곳이 있어요.

선풍기를 정면에서 보면 날개는 시계 방향으로 돌아요. 그런데 이런 날개를 고정할 때 시계 방향으로 돌리는 오른나사를 쓴다면 날개가 돌기 시작하면서 나사가 풀릴 수도 있어요. 정지해 있던 날개가 돌면 고정 나사는 계속 멈추어 있으려는 관성이 생겨요. 이 관성은 날개 고정 나사를 왼쪽으로 돌리는 효과가 있어요.

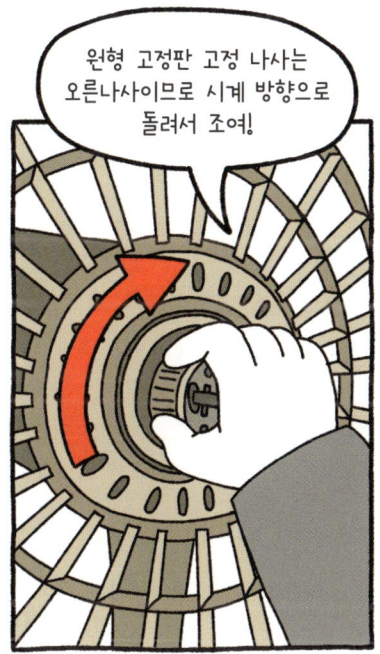

자동차와 자전거에도 왼나사!

자동차 바퀴도 나사로 고정되어 있어요. 자동차가 달릴 때 바퀴를 옆에서 보면, 오른쪽 바퀴는 오른쪽으로 돌고 왼쪽 바퀴는 왼쪽으로 돌아요. 오른쪽 바퀴는 오른나사를 써야 바퀴가 돌 때 풀리지 않아요. 선풍기와는 달리 관성이 크지 않아요. 왼쪽 바퀴에 오른나사를 쓴다면 바퀴가 돌 때 풀릴 수도 있어요. 그래서 대형 트럭은 왼쪽 바퀴에 왼나사를 써왔어요. 하지만 지금은 기술이 발달하여 왼쪽 바퀴에 오른나사를 써도 풀리지 않

게 되어 있어요. 물론 왼나사를 쓰는 트럭도 아직 남아 있고요.

자전거 페달은 오른쪽과 왼쪽이 같은 방향으로 돌아요. 그래서 양쪽 페달에 모두 오른나사를 쓰면 오른쪽은 감기는 방향이지만, 왼쪽은 풀리는 방향이에요. 즉, 달리다가 왼쪽 페달이 풀릴 수가 있어요. 그래서 자전거 왼쪽 페달은 돌아가는 방향과 같은 왼나사를 써요.

LPG처럼 위험한 물질을 담는 통은 쉽게 열리지 않아야 해요. 보통 오른손잡이가 많아 오른나사에 익숙해져 있어요. 그런데 LPG 통 뚜껑이 오른나사로 되어 있으면 쉽게 열 수 있어요. 이런 상황을 막기 위해 왼나사를 써요.

건전지는 충전할 수 없어!

전지 구분은 충전 여부로!

1차 전지 — 나는 충전해서 쓸 수 없어. → 사용 불가

2차 전지 — 나는 충전만 하면 언제든 다시 쓸 수 있어!

　　전지는 전기 에너지를 이용할 수 있는 장치예요. 전원이 있는 플러그에 꽂아 쓰지 않는 한, 휴대폰은 물론이고 카메라와 리모컨 등 모든 전자 기기에는 전지가 있어야 작동하지요.

어떤 전지는 충전해서 오랫동안 사용할 수 있지만, 한 번 쓰면 더 이상 사용할 수 없는 것도 있어요. 특히 우리가 건전지라고 부르는 원기둥 모양의 전지는 충전할 수 없는 것이 많아요.

또 가정용 선풍기의 리모컨에는 작고 얇은 동전 모양의 전지가 들어 있어요. 이것은 리튬 전지 또는 수은 전지인데 작은 시계 속에도 들어 있어요. 이것 역시 충전해서 사용할 수 있는 전지가 아니에요.

그래서 전지는 충전할 수 있느냐 없느냐에 따라 **1차 전지**와 **2차 전지**로 나누어요. 원기둥 모양의 건전지도 충전해서 사용할 수 있는 것이 있어요. 물론 충전기가 있어야 하고요.

1차 전지, 2차 전지와 성격이 다른 3차 전지도 있어요.

1차 전지는 보통 건전지, 2차 전지는 리튬이온전지, 3차 전지는 연료 전지를 말해요.

연료 전지는 말 그대로 연료를 계속 넣어 전기를 만드는 장치예요. 연료로는 수소나 메테인을 쓰지요.

물 분자는 수소 원자와 산소 원자로 되어 있어요. 물 분자에 전기를 가하면 수소와 산소로 분해할 수 있어요.

이 원리를 거꾸로 이용하여 수소와 산소를 결합하면 전기를 얻을 수 있는 것이 수소 연료 전지의 원리예요.

건전지의 '건'은 '마르다'!

전지는 1800년, 이탈리아의 물리학자 알렉산드로 볼타가 발명했어요. 묽은 황산 속에 구리판과 아연판을 넣었더니 전기가 생기는 것을 관찰하고 전지를 만든 거예요. 전기가 얼마나 세게 흐르는지 나타내는 전압의 단위가 V(볼트)인데 볼타(Volta)에서 따온 거예요.

이후 여러 과학자와 공학자가 전지를 연구했고, 한쪽 끝이 볼록 튀어나온 모양의 건전지까지 만들어지게 되었어요. 볼록 튀어나온 쪽이 (+)극이 그 반대쪽이 (-)극이에요.

그런데 왜 건전지라고 할까요? (+)극과 (-)극을 이어 주는 것은 묽은 황산처럼 액체로 되어 있어요. 이런 물질은 '전류를 흐르게 한다'는 뜻으로 '전해질'이라고 해요. 액체 전해질을 쓰면 젖은 전지라는 뜻의 '습전지'라고 하고, 수분이 거의 없는 전해질을 쓰면 마른 전지라는 뜻의 '건전지'라고 해요. 이런 전지는 충전할 수 없는 1차 전지예요.

이에 비해 2차 전지는 여러 번 충전해서 쓸 수 있어 '축전지'라고도 해요. (+)극인 이산화 납과 (-)극의 납이 묽은 황산 속에 잠겨 있는 건 '납축전지'라도 하는데, 자동차에 많이 쓰여요. 또 (+)극으로 수산화 니켈과 (-)극으로 수산화 카드뮴, 전해질로 알

카라인을 쓰는 '니켈-카드뮴 전지'가 있는데 휴대용 전자 기기나 장난감 등에 쓰여요.

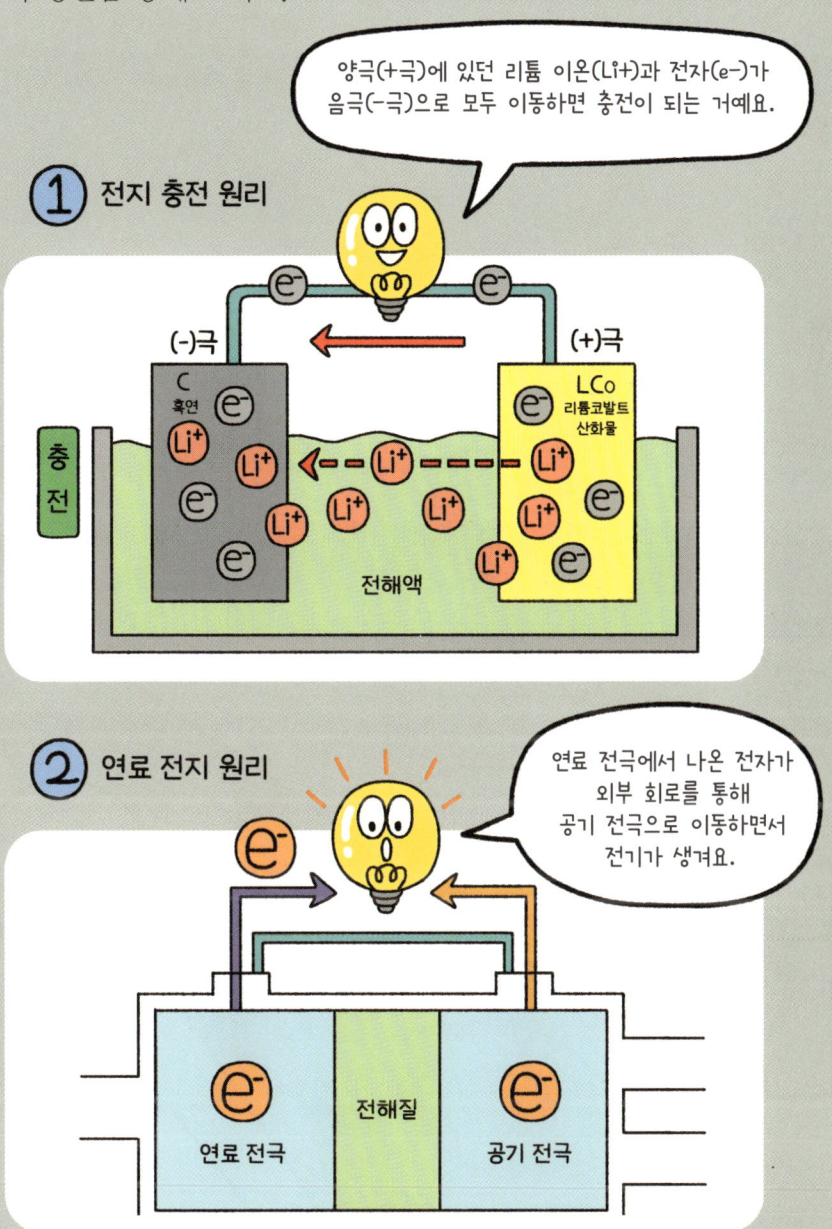

하이브리드 하면 자동차!

하이브리드(hybrid)라는 말은 원래 동물이나 식물의 잡종을 뜻해요. 그런데 성질이 다른 두 가지가 섞여 있는 것을 뜻하는 말로 사용하기 시작했지요. 아날로그와 디지털 방식이 섞여 있는 컴퓨터를 하이브리드 컴퓨터라고 하는 것처럼요.

보통 자동차는 엔진에서 나오는 동력으로 달려요. 엔진을 작동하게 하는 에너지는 휘발유나 경유와 같은 기름이고요. 또 전기 자동차는 전기 모터에서 나오는 동력을 이용해요. 그래서 하이브리드 자동차는 엔진과 전기 모터를 모두 이용할 수 있는 자동차를 말하는 거예요.

2000년대 초, 전기 자동차가 개발되는 과정에서 엔진과 전기 모터로 주행할 수 있는 자동차가 만들어지면서 '하이브리드 자동차'라는 명칭이 붙었어요. 이런 자동차가 널리 퍼지면서 '하이브리드'라는 말도 퍼지게 되었어요.

그렇다면 하이브리드 자전거도 엔진과 전기 모터를 모두 이용하는 자전거일까요?

하이브리드 자전거는 달라!

　자전거를 타다가 언덕길이 나오면 페달을 아무리 밟아도 올라갈 수 없을 때가 있어요. 그러면 내려서 자전거를 끌고 가야 하는데요. 이럴 때마다 '전기로도 갈 수 있다면 내리지 않아도 될 텐데'라는 생각이 들지요. 그래서 전기 자전거가 나온 거예요.
　페달을 밟아 달리다가 원할 때 전기 모터로 갈 수 있어요. 사람들은 이런 자전거를 '하이브리드 자전거'라고 생각해요. 왜냐하면 '하이브리드 자동차'가 엔진과 전기 모터를 섞어 놓았기 때문이에요.

자전거는 보통 도로용 자전거와 산악용 자전거로 구분해요. 도로용은 온로드(포장도로) 용이고 산악용은 오프로드(비포장도로) 용이에요. 하이브리드 자전거는 온로드와 오프로드가 모두 가능하다는 의미예요. 즉, 하이브리드 자전거는 용도가 혼합된 것이고, 하이브리드 자동차는 주행 방식이 혼합된 거예요. 페달과 전기 두 가지로 달릴 수 있는 전기 자전거와는 전혀 다른 거예요.

전기 자전거는 전기 모터가 달린 자전거인데, 구동 방식은 페달이 보조하면서 전기 모터도 써요. 그런데 자전거처럼 생겼지만, 핸들에 속도 조절 장치가 있으면 오토바이와 같은 원동기 장치 자전거라고 해요.

눈을 마음대로 만든다?

하늘에서 내리는 비는 농사짓는 데 아주 중요해요. 비 오는 시기에 맞춰 씨를 뿌리고, 비 오기 전에 수확하는 것이 농사의 전부라고 할 정도니까요. 그래서 옛날에는 오랫동안 비가 오지 않으면, 임금이 하늘에 제사를 지내기도 했어요. 이것을 기우제라고 해요. 기우제를 지낸다고 비가 오는 것은 아니지만, 그만큼 간절한 마음을 담아 하늘에 비는 거예요.

아메리카 대륙의 인디언들도 기우제를 지냈는데, 기우제를 지내면 꼭 비가 온다고 해요. 비결은 비가 올 때까지 지내는 거래요. 그래서 '인디언 기우제'라는 말까지 생겼어요.

그런데 이제는 비나 눈을 필요할 때 언제든지 내리게 할 수 있는 시대가 되었어요. 과학 기술이 날씨를 바꾸는 것도 가능하게 발전했거든요. 1946년, 미국 제너럴일렉트릭의 연구원이었던 빈센트 쉐퍼 박사는 냉장고에 실수로 떨어뜨린 드라이아이스가 얼음 결정을 만드는 것을 보았어요. 이것을 보고 구름에 드라이아이스를 뿌려 눈을 만들 수 있다고 생각했어요.

그래서 쉐퍼 박사는 비행기를 타고 4,000미터 상공에서 드라이아이스를 뿌렸는데, 5분 후 지상에 눈이 내렸어요. 이것이 최초의 인공 강설 실험이에요.

구름 씨를 뿌리면 된다!

1947년 쉐퍼 박사의 동료이자 기상학자인 베르나르 보네거트는 아이오딘화 은(AgI)이 얼음 결정과 비슷한 구조를 가지고 있다는 것을 알았어요. 이것으로 비를 만드는 '구름 씨'를 만들 수 있을 것으로 생각했어요. 역시 비행기를 타고 상공에 올라가 구름 속에 아이오딘화 은을 뿌렸더니 비가 내렸어요. 인공 강우 실험도 성공한 거예요. 이제 하늘에 구름만 있으면 인공 강설이나 인공 강우로 필요할 때 눈이나 비를 내릴 수 있게 되었어요.

하늘에 떠 있는 구름은 아주 작은 물방울이 모여 있는 거예요. 구름은 물방울의 크기가 작을수록 하얗게 보이고 클수록 검게 보여요. 큰 물방울로 되어 있는 구름은 물방울이 무거워 곧 떨어질 가능성이 있어요. 물방울이 떨어지면 비가 되어 내리는 거예요. 물방울이 떨어질 때 기온이 낮으면 고체 결정이 되어 내리는데 이것이 눈이에요. 얼음이 되어 그대로 떨어지면 우박이 되는 거고요.

그런데 구름 속의 물방울을 모아주는 것이 '구름 씨'예요. 구름씨의 역할을 드라이아이스나 아이오딘화 은이 하도록 구름 속에 인공적으로 뿌리는 것이 **인공 강설**과 **인공 강우**예요.

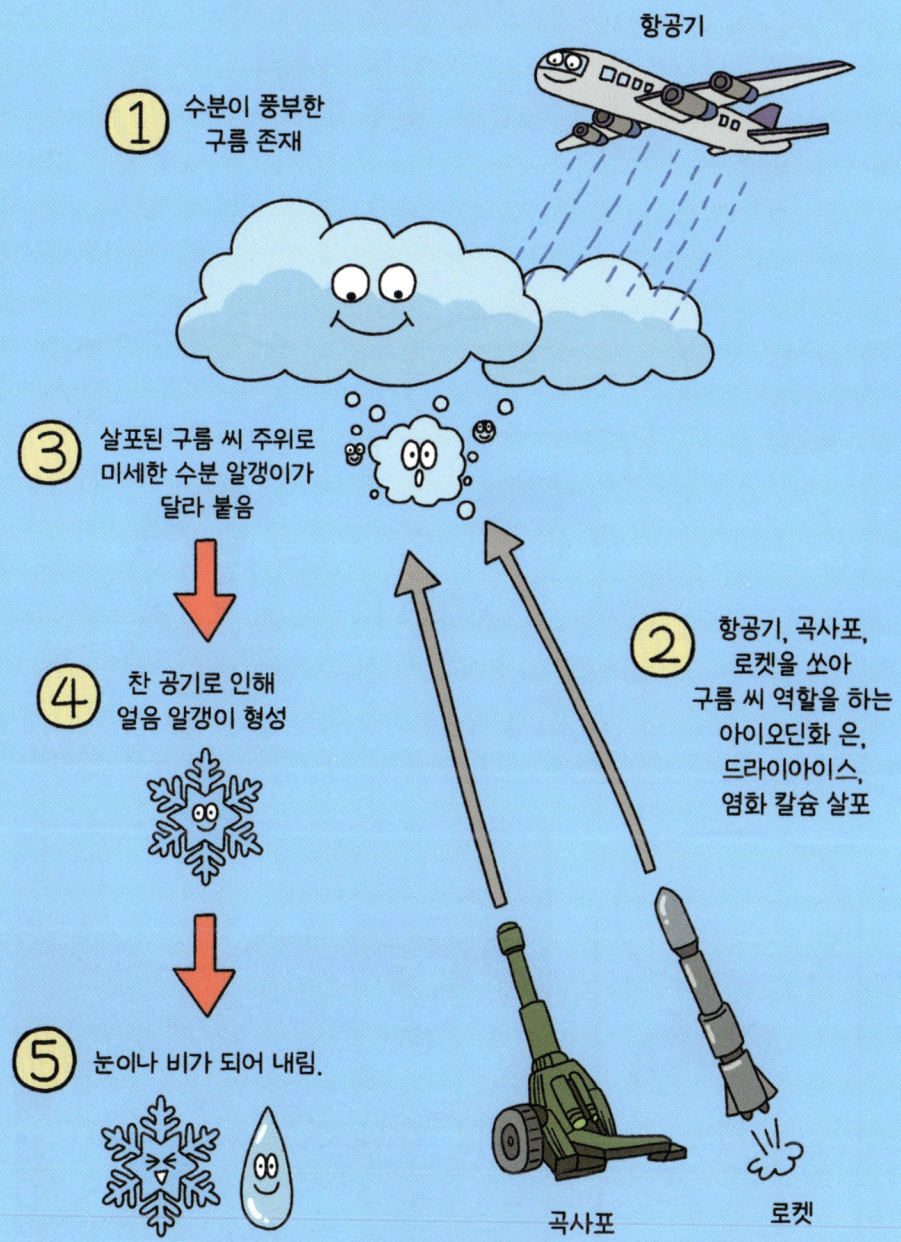

원자 폭탄과 수소 폭탄, 원리는 같아!

쪼개질 때 에너지가 생겨!

 1939년부터 1945년까지 전 세계는 전쟁에 휩싸였어요. '제2차 세계 대전'이었지요. 30개국에서 1억 명 이상이 참전했고, 사망자는 7,500만 명이 넘었어요. 이 전쟁을 끝낸 것이 바로 원자 폭탄이에요. 미국이 개발한 원자 폭탄 2발을 일본 히로시마와 나가사키에 떨어뜨리면서 수많은 사람이 죽었어요. 이때 원자 폭탄이 세상이 알려졌고, 그 위력은 엄청났어요.

 지금까지 발견된 원소의 종류는 모두 108개예요. 이중 자연계에 안정적으로 존재하는 원소는 원자 번호 1번 수소부터 92

얼음   분자

번 우라늄까지예요. 93번부터 108번까지의 원소는 자연에 없는 것을 사람이 만든 원소들이에요.

우라늄처럼 무거운 원자는 어떤 조건이 되면 작은 원자로 쪼개져요. 과학자들은 원자가 쪼개지면 에너지가 생긴다는 것을 알아냈어요. 쪼개진 두 원자의 질량은 우라늄의 질량보다 작아지는데, 이 질량은 아인슈타인의 유명한 공식인 $E=mc^2$에 의해 에너지가 되어 방출돼요. 이 에너지를 한꺼번에 나오게 하면 **원자 폭탄**이 되는 거예요. 에너지가 조금씩 나오게 조절한 것이 **원자력 발전소**이고요. 원자 폭탄이나 원자력 발전은 원리가 같아요.

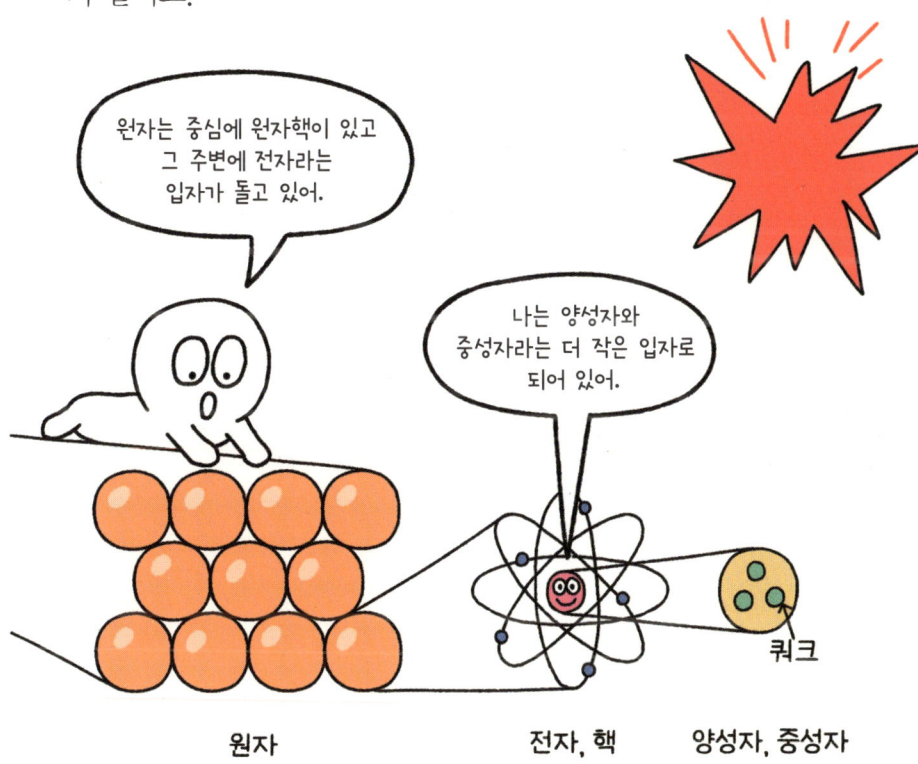

합쳐질 때도 에너지가 생겨!

수소 원자핵 4개가 있으면 그중 2개는 중성자로 변해서 헬륨 원자핵 1개가 만들어져요. 이것을 '수소 핵융합 반응'이라고 해요. 태양에서 바로 이런 반응이 일어나요.

세상에서 가장 작은 원자는 수소예요. 그다음은 헬륨이고요. 원자는 원자핵과 전자로 되어 있다고 했지요? 수소의 원자핵은 양성자 1개로만 이루어져 있어요. 헬륨의 원자핵은 양성자 2개와 중성자 2개로 되어 있고요. 양성자와 중성자는 원자핵을 이루는 입자로 크기와 질량이 거의 비슷해요. 그래서 어떤 때는 양성자가 중성자로 또는 중성자가 양성자로 변하기도 해요.

　수소 원자핵 4개가 융합해 헬륨 원자핵 1개가 되면 질량이 줄어들어요. 줄어든 질량은 역시 아인슈타인의 공식에 의해 에너지가 되어 방출돼요. 태양에서 나오는 에너지가 바로 이렇게 해서 만들어진 에너지예요.

　이 핵융합 반응에서 나오는 에너지를 폭탄으로 이용하는 것이 수소 폭탄이에요. 그러니까 <u>**수소 폭탄**</u>은 원자핵이 결합하는 '핵융합', 원자 폭탄은 원자핵이 쪼개지는 '핵분열'의 원리를 이용하는 거예요. 그런데 수소 핵융합을 일으키려면 엄청난 에너지가 필요해요. 수소 폭탄을 만들 때 필요한 에너지를 원자 폭탄에서 얻어요. 원자 폭탄은 1945년, 수소 폭탄은 1952년에 각각 개발되었어요.

프로그래밍과 코딩 달라?

컴퓨터나 스마트폰을 작동시키는 것은 프로그램이에요. 프로그램(program)이란 어떤 일을 할 수 있도록 해 주는 명령어들의 모임이에요. 컴퓨터로 문서를 작성할 수 있는 것은 워드프로세서와 같은 프로그램이 있기 때문이고, 스마트폰으로 문자를 보낼 수 있는 것도 프로그램이 있어서 가능해요.

현대 사회에서 컴퓨터와 스마트폰이 없다는 것은 상상하기도 힘들어요. 이 모든 것을 할 수 있게 해 주는 것이 프로그램인데 컴퓨터 소프트웨어라고도 해요. 이런 프로그램을 만드는 것을 프로그래밍, 프로그래밍을 하는 사람을 프로그래머라고 해요.

마찬가지로 코드(code)를 만드는 것을 코딩, 코딩을 하는 사람을 코더라고 해요. 코드는 프로그램의 재료예요. 프로그램은 코드들로 이루어져 있는 거예요. 컴퓨터가 받아들일 수 있는 언어로 명령을 작성하는 일은 코딩이나 프로그래밍이나 똑같지만, 프로그래밍 안에 코딩이 포함되는 거예요.

코딩은 프로그래밍의 문법을 이해하고 기본적인 코드를 작성하는 일이에요. 반면 **프로그래밍**은 코드를 작성하는 일뿐만 아니라 설계, 테스트, 문제 해결 등 모든 과정을 포함해요. 코딩에서 프로그래밍으로, 코더에서 프로그래머로 성장하는 거예요.

설계와 블록 쌓기 차이!

컴퓨터는 중앙 처리 장치(CPU), 메모리, 저장 장치, 입력 장치, 출력 장치 등으로 구성되어 있어요. 중앙 처리 장치는 컴퓨터의 핵심적인 '두뇌'로 명령어를 받아들여 프로그램을 실행하는 부분이에요. 프로그램이 실행되지 않으면 컴퓨터는 작동하지 않아요. 이런 프로그램을 만드는 것을 프로그래머의 일이에요.

건물을 지을 때를 떠올려 봐요. 어떤 재질을 사용하여 어떤 모양으로 지을지 건축가가 설계하는 과정은 **프로그래머**가 하는 일과 같아요. 한편 건축가의 설계도를 토대로 볼록을 쌓아 올려 건물을 만드는 과정은 **코딩**과 같아요.

컴퓨터나 스마트폰을 사용하는 우리에게는 간단해 보이지만, 실제로 그 안의 프로그램에는 복잡한 코드와 알고리즘이 담겨 있어요. 알고리즘은 문제를 해결하기 위한 절차나 방법을 말해요. 웹사이트나 앱에서 어떤 것을 검색할 때, 우리는 키워드를 입력하면 결과를 볼 수 있어요. 이런 결과는 복잡한 검색 알고리즘에 따라 관련 정보를 빠르게 찾아낸 거예요.

음식의 종류와 지역을 검색하면, 실시간으로 데이터베이스에 등록된 맛집 정보를 수집하여 비교 알고리즘에 따라 최적의 맛집을 추천해 주잖아요.

컴퓨터는 0과 1만 있으면 돼!

0과 1로 작동하는 컴퓨터

사람은 손가락이 10개여서 10씩 묶어 세는 것을 발전시켰어요. 그래서 숫자도 0부터 9까지 10개로 모든 수를 표현할 수 있어요. 10까지의 수로 표현하는 체계를 십진법이라고 해요.

하지만 컴퓨터는 기본적으로 트랜지스터라고 하는 반도체의 신호로 작동해요. 이런 신호는 전기가 흐르느냐 흐르지 않느냐만 정하면 되기 때문에 0과 1만으로도 충분해요. 2까지의 수로 나타내는 것을 이진법이라고 하고요. 전구가 1개가 있다고 해 봐요. 꺼져 있으면 0, 켜져 있으면 1로 표현하는 거예요.

그러면 전구의 개수가 많으면 많을수록 더 많은 정보를 처리할 수 있겠지요? 전구가 1개라면 꺼지든(0) 켜지든(1) 2가지를 표현할 수 있어요. 각각의 상태를 1비트라고 해요. 그러니까 전구가 1개면 2비트, 2개면 4비트, 3개면 8비트, 10개면 1,024비트를 나타낼 수 있어요. 컴퓨터의 처리 용량은 이렇게 **비트**를 기본 단위로 결정하는 거예요.

 0과 1의 비트로 작동하는 컴퓨터 중 현재 가장 빠른 컴퓨터는 슈퍼컴퓨터로 분류해요. 슈퍼컴퓨터는 일반 컴퓨터의 수백만 배 성능을 자랑해요. 그래도 0과 1의 비트로 구성되는 것은 마찬가지예요.

양자 컴퓨터도 0과 1로만?

일반 컴퓨터나 슈퍼컴퓨터도 0과 1을 따로따로 구분해요. 하지만 미래 컴퓨터로 개발하고 있는 양자 컴퓨터는 0과 1뿐만 아니라 0과 1을 겹친 것도 구분할 수 있어요. 즉, 00, 01, 10, 11도 구분한다는 거예요.

일반 컴퓨터가 0과 1을 비트 단위로 처리한다면, 양자 컴퓨터는 00, 01, 10, 11을 큐비트 단위로 처리해요. 비트와 큐비트의 결정적인 차이는 **큐비트**는 여러 가지 연산을 한꺼번에 처리할 수 있다는 거예요.

"수억 년이 걸려서 계산했어."

"나도 수백 년은 걸려야 해."

일반 컴퓨터

슈퍼컴퓨터

0과 1을 따로따로 구분하는 것과 겹친 것도 구분하는 것은 2배의 차이가 있어요. 두 가지가 네 가지로 변했으니까요. 이 차이는 단순하게 2배지만, 큐비트의 개수가 커지는 만큼 엄청난 차이를 내는 거예요. 일반 컴퓨터로 수억 년 걸리는 계산을 슈퍼컴퓨터로 수백 년이면 처리하지만, 양자 컴퓨터로는 단 몇 초면 해결할 정도예요. 0과 1이 00, 01, 10, 11로 변한 것뿐인데 이런 차이가 난다는 것이 신기하지요? 이것은 눈에 보이지 않을 정도로 작은 원자 속에서 일어나는 양자 현상을 이용하기 때문에 가능한 것이랍니다.

하하하!

난 몇 초면 되지.

양자컴퓨터

공학이나 기술이나 뭐가 달라?

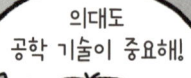

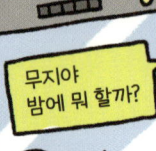

같은 듯 다른 공학과 기술

컴퓨터 공학과 컴퓨터 기술은 비슷한 것 같지만 의미가 달라요. 컴퓨터 공학은 하드웨어의 분석, 설계, 실험 등을 공학적인 방법으로 연구하는 학문이에요. 반면, 컴퓨터 기술은 컴퓨터를 이용하여 어떤 목적을 달성하기 위한 실용적인 지식이나 기법이에요.

미래의 자동차로 주목하고 있는 자율 주행 자동차를 만든다고 생각해 보아요. 이런 자동차가 왜 필요한지, 도로의 교통 체계에 적합한지, 자율 주행 모드와 운전 모드의 변환 과정은 어떻게 할지와 같은 전체적인 설계는 공학의 영역이에요. 공학자의 설계에 따라 자율 주행 자동차가 도로와 운전자에게 맞도록 주행할 수 있게 실현하는 일은 기술의 영역이고요.

기술은 자원과 재료를 활용하여 물건을 만들거나, 어떤 일을 처리하는 방법이나 장치 등을 포함해요. 공학은 이런 기술을 활용하여 물건을 만들기 위해 설계하고 생산하는 방법 또는 문제를 해결하는 방법을 연구하는 학문의 한 분야예요. 공학은 기술을 적용하고 발전시키는 학문이에요.

공학, 기술! 차이가 뭐야?

공학은 기술을 실제로 적용하고 발전시키는 역할을 통해 혁신적인 기술과 더 나은 제품을 만들 수 있는 가능성을 제공하는 것이 목표예요. 기술은 구체적이고 실용적인 측면에서 문제 해결 방법을 제공하는 것이 목표예요.

공학자와 기술자의 차이를 예로 들어 설명해 볼게요. 우선 공학자는 Engineer라고 하고, 기술자는 Technician이라고 해요. 공학자는 보통 공학 분야의 박사 학위를 가지고 수학적 이론과 과학적 원리를 연구해요. 기술자는 실무적인 교육을 받아 현장에서 직접 작업을 해요.

공학자는 전체 시스템 설계, 문제 해결, 연구와 개발 업무에 종사해요. 기술자는 공학자가 설계한 시스템이나 방법, 장치에 맞게 기계를 다루며 생산 현장에서 실무를 진행해요. 공학자는 새로운 기술을 개발하거나 시스템 설계를 책임져요. 기술자는 시스템이 제대로 작동하도록 지원하고 시스템을 유지하고 보수하는 책임이 있어요. 공학자는 수학적 또는 과학적 실험이나 연구를 통해 해결 방법을 찾으려고 해요. 기술자는 현장에서 바로 문제를 진단하고 해결하기 위해 노력해요. 한마디로 정리한다면 공학자는 이론, 기술자는 실무를 담당하는 거예요.

진짜 뻔뻔한 과학책

1판 1쇄 인쇄 2025년 8월 11일
1판 1쇄 발행 2025년 8월 21일

글 이억주 | **그림** 뿜작가 | **감수** 와이즈만 영재교육연구소
발행처 와이즈만 BOOKs | **발행인** 염만숙 | **출판사업본부장** 김현정 | **편집** 김예지 양다운 이지웅
기획·진행 CASA LIBRO | **디자인** 위드 | **마케팅** 강윤현 백미영 장하라

출판등록 1998년 7월 23일 제1998-000170 | **제조국** 대한민국
주소 서울특별시 서초구 남부순환로 2219 나노빌딩 5층
전화 마케팅 02-2033-8987 편집 02-2033-8928 | **팩스** 02-3474-1411
전자우편 books@askwhy.co.kr | **홈페이지** mindalive.co.kr | **사용 연령** 8세 이상
ISBN 979-11-92936-94-3 77510

© 2025 이억주·뿜작가·CASA LIBRO
잘못된 책은 구입처에서 바꿔 드립니다.
와이즈만 BOOKs는 (주)창의와탐구의 출판 브랜드입니다.
KC마크는 이 제품이 공통안전기준에 적합하였음을 의미합니다.

*표지 피플퍼스트, 본문 감탄로드탄탄체 글꼴 사용